AF586022

RELATION CURIEUSE D'UNE FONTEINE DECOUVERTE EN POLOGNE.

La quelle, entr'autres Proprietez, a celles de suivre le Mouvement de la Lune, de s'enflammer comme fait l'Esprit de Vin, de guerir diverses Maladies, & de prolonger la Vie jusqu'à cent cinquante ans.

Avec l'Explication des Propriétez de l'Eau de cette Fonteine.

Par JEAN-BAPTISTE DENIS Conseiller & Medecin ordinaire du Roy.

Extrait d'une de ses Conferences.

A PARIS.

Chez LAURENT D'HOURY, ruë S. Jacques devant la Fonteine de Saint Severin, au Saint Esprit.

Et chez l'Autheur ruë d'Anjou, proche la ruë Dauphine.

M. D. C. LXXXVII.

AVEC PRIVILEGE DU ROY.

Certificat donné au Sr Denis par Monſieur le Comte de Maligny, frere de la Reyne de Pologne.

JE ſouſſigné, certifie que tout ce qu'à rapporté Monſieur Weſouski *Aumoſnier du Roy de Pologne, touchant la Fonteine de Montmerveille, au Palatinat de Krakovie, eſt veritable. En foy de quoy j'ay ſigné,*

COMTE DE MALIGNY.

LE dit Sr *Vveſouki*, cy-devant Aumoſnier du Roy Jean *Sobieski*, & à preſent l'un des Eveſques de Pologne, en mettant entre les mains du Sieur Denis la Deſcription de cette Fonteine de la part du Roy ſon Maître, luy donna auſſi un Plan de la Montagne, où ſe trouve cette Fonteine, qui avoit eſté levé ſur les Lieux, & une Carte Topographique des Environs de cette Montagne, pour les faire voir à ceux qui en auroient la curioſité; & luy certifia en méme temps, qu'ayant eſté envoyé ſur les Lieux par le Roy de Pologne, pour examiner, avec le Sieur *Brawn* Premier Medecin de ſa Majeſté, les vertus de cette Fonteine, ils avoient conferé avec quelques Habitans des Environs, qui par l'uſage de cette Eau eſtoient parvenus juſqu'à l'âge de cent cinquante ans, & qui leur paroiſſoient encore robuſtes.

Le Seigneur de ce Territoire eſtant depuis venu à Paris, confirma la meſme choſe au Sieur Denis, & à pluſieurs perſonnes dignes de foy.

DESCRIPTION CURIEUSE D'UNE FONTEINE ARDENTE ET MEDICINALE DECOUVERTE EN POLOGNE

depuis peu de temps.

L y a une Montagne dans la petite Pologne au Palatinat de Krakovie, appellée *Montmerveille*, ou admirable, qui n'est éloignée que d'une lieuë de Rimanow, Bourg qu'elle a vers l'Orient. Elle a du costé de l'Occident *Doucla*, qui en est à trois lieuës; du costé du Septentrion *Krosno*, qui en est à deux lieuës; & du costé du Midy les montagnes de Hongrie.

Montagne admirable d'où sort cette Fonteine.

Cette montagne est couverte d'herbes & de fleurs si odoriferantes, que la plusspart de ceux qui s'en approchent en sont surpris d'abord, & en ont mesme quelque temps aprés la teste toute occupée. L'on y voit quantité de Chesnes, de Pins, de Sapins, & d'autres sortes d'Arbres, qui y composent une Forest tres-épaisse & tres-agreable.

Les Plantes y sont odoriferentes.

L'on trouve des eaux douces en divers endrois de cette montagne: mais au pied du costé de l'Orient il y a un grand Estang salé, & plusieurs Puits aussi salez.

On y trouve des eaux douces & salées.

La terre de la montagne est limoneuse & toute pleine de cailloux grisatres, qui ont des veines de diverses couleurs, dont les Habitans disent avoir veu tirer de l'Or, de l'Argent, de l'Antimoine, & du Cinabre mineral. L'Or se trouve du costé du Midy, l'Argent & l'Antimoine du costé du Septentrion, & le Cinabre entre l'Orient & le Midy.

On en tire divers metaux.

Au milieu de la montagne du costé du Midy il y a une grande Fonteine, que les Habitans ont revestuë de bois, en maniere de Puits. L'eau en est fort belle & claire; & comme elle sort de la terre avec impetuosité, & par des secousses continuelles, elle forme quantité de boüillons, dont le bruit

Fonteine qui fait du bruit en sortant.

se fait entendre à plus de deux cent pas, & l'on voit paroistre sur sa surface plusieurs petites bouteilles, qui ne sont pourtant accompagnées d'aucune écume.

L'eau suit le mouvement de la Lune.

Le mouvement de cette Source a grand rapport avec celuy de la Lune. Car à proportion que la Lune approche de son Plein, l'eau se hausse peu à peu, poussant ses boüillons plus haut de jour en jour; & quand la Lune est pleine, elle monte si haut, qu'elle se répand pardessus les bords qui la renferment : mais au decours, elle s'abaisse peu à peu; & tous les boüillons qu'elle pousse dans le dernier quartier de la Lune, semblent s'enfoncer & rentrer dans les mesmes endrois, d'où ils sortent.

Le limon de cette eau guerit diverses maladies.

Au fonds de cette Fonteine on trouve un limon, dont on se sert heureusement pour emporter toutes sortes de Galles & de Dertres, & pour guerir les Gouttes inveterées, les Rhumatismes, la Paralysie, la Surdité, les impuretez veroliques, & plusieurs autres maladies.

Elle est odoriferante.

L'eau pousse dans sa source une odeur si agreable, que l'on sent comme un baûme delicieux, en s'appuyant sur les bords de son enceinte.

Elle a un goust agreable.

En beuvant de cette eau, on la sent douce comme du lait; & aprés l'avoir beuë, elle cause souvent des rapports, qui sont aussi fort doux & fort agreables.

Elle fait bien à tous ceux qui la boivent.

Elle fait des effets tout differens dans les corps de ceux qui la boivent; car quelquesfois elle pousse fortement par les selles & par les urines, & quelquesfois non. Elle fait tres-bien à ceux qui la rendent promptement; & ceux qui ne l'évacüent pas sur le champ, ne laissent pas de s'en trouver beaucoup plus guais, & plus legers.

Elle prolõge la vie.

Les Habitans d'un gros Village voisin nommé *Ivaniec*, qui en boivent ordinairement, ne sont presque jamais malades; ils sont dispos & vigoureux, & vivent la pluspart jusqu'à cent & cent cinquante ans, sans ressentir les moindres langueurs de la vieillesse.

Elle guerit les maladies des chevaux.

Ces Habitans sçavent par experience, que cette Fonteine est d'un secours admirable, non seulement pour les infirmitez des hommes, mais encore pour les maladies, qui ruinent ordinairement les chevaux. Et quand on leur en meine, qui sont morveux, poussifs, & tous couverts de farcin, ils sont tres-assurez de les guerir en les lavant seulement tous les jours, & en leur faisant boire pendant un mois ou environ de l'eau de cette Fonteine.

Cette eau se peut transporter, & se garder mesme fort long-temps sans se corrompre. Quand on la fait évaporer, on en tire une espece de Bitume noirastre, qui est admirable pour les playes, & pour les ulceres. On s'en est servy avec succez pour guerir de vieux ulceres en vingt quatre heures, ausquels les remedes ordinaires n'avoient pû donner aucun allegement. Elle guerit les ulceres.

L'eau de cette Fonteine ne se gele jamais dans sa source pendant les Hyvers les plus rigoureux; & quoy qu'elle soit toûjours froide au toucher, neanmoins si l'on en approche un flambeau allumé lors qu'elle boüillonne dans sa source, elle s'enflamme aussi-tost, & brûle aussi fortement que le plus subtil Esprit de vin. La flamme voltige sur la surface de l'eau, & suit le mouvement impetueux des boüillons de la Fonteine; ce qui est cause que les Habitans l'appellent *Feu follet*. La source quoy que froide, ne gele jamais. Elle prend feu facilement.

Ce feu dureroit toûjours & ne s'éteïndroit point, si on ne se servoit de balais faits avec des branches d'arbres, dont on frappe de tous costez la surface de l'eau, jusqu'à ce que toute la flamme soit étouffée. En effet, il y a environ trente-cinq ans (ce fut du regne de Ladislas IV.) que les Habitans ayant negligé d'éteindre ce feu aprés l'avoir allumé, il se glissa peu à peu dans les veines de la terre, & ayant pris aux racines des arbres, il embrasa & reduisit en cendres toute la Forest voisine. Ce feu ayant duré prés de trois ans, sans qu'on pût venir à bout de l'éteindre, l'on a mis depuis ce temps-là des Gardes auprés de la Fonteine, pour empescher qu'on ne l'allume qu'avec de tres-grandes précautions. L'on trouve mesmes encore sur cette montagne diverses matieres, qui furent alors recuites & comme vitrifiées par la violence du feu. Maniere d'éteindre le feu de cette fonteine.

Les Habitans ont remarqué que pour peu qu'on mette le feu à l'eau de cette Fonteine, comme l'on fait quelquesfois pour contenter la curiosité des personnes de qualité qui la vont voir, cette eau perd beaucoup de sa force, & ne revient pas au mesme degré que plus de quinze jours aprés. Cette eau perd de sa force en brulant.

Cette eau brule sans s'échauffer.

Cette flamme est si subtile, qu'elle n'échauffe pas l'eau de la source en voltigeant dessus; car si l'on en puise un peu, lors mesme que le feu semble le plus ardent, on ne laisse pas de la trouver froide au toucher.

Cette eau ne s'allume pas hors de sa source.

Cette eau ne s'allume que lors qu'elle est dans sa source, & qu'on approche un flambeau de ses boüillons. L'on en a transporté dans des bouteilles, dont les unes estoient pleines, & les autres à moitié, & qu'on avoit exactement bouchées avant mesme de les tirer hors de l'eau : mais en les débouchant au dessous de la flamme d'un flambeau, le feu n'y a non plus pris, que si ç'eust esté de l'eau de quelque autre fonteine ; & quelque attifice qu'on ait employé pour l'allumer hors de sa source, on n'a jamais pû y reüssir.

La flamme de cette eau brule le bois.

Le feu de cette eau nonobstant sa grande subtilité, ne laisse pas d'avoir de l'ardeur & de l'activité dans sa source; car il brûle le bois avec tant de facilité, que les planches qui renferment la Fonteine, en sont toutes noires, & presque entierement reduites en charbons.

Le tonnerre a fait découvrir que cette eau pouvoit s'enflâmer.

La proprieté, que l'eau de cette Fonteine a de s'enflammer, a esté inconnuë à tous les siecles passez; & on ne s'en seroit peut-estre pas encore apperçeu, sans un éclat de tonnerre qui tomba par hazard dans la source, & qui y mit le feu pour la premiere fois. Les Bucherons qui travailloient alors dans la Forest voisine découvrans une grande flamme, s'approcherent de la Fonteine, & ne se presentant rien devant leurs yeux que des branches d'arbres, qu'ils venoient de couper, ils s'aviserent d'en prendre tous, & à force de fraper avec ces branches sur la surface de l'eau, ils vinrent enfin à bout d'éteindre entierement ce feu. Et depuis ce temps-là on a reïteré souvent l'experience, d'approcher un flambeau allumé de l'eau de cette Fonteine ; & comme on n'a jamais manqué d'y mettre le feu par ce moyen, on s'est aussi toûjours servy avec succez de la mesme adresse pour l'éteindre.

Erreur des Habitans.

Les Habitans sont assez simples de croire que le tonnerre soit demeuré depuis ce temps-là au fonds de cette source : & ils veulent entr'eux que ce soit l'effort, qu'il fait pour en sortir, qui cause le boüillonnement de l'eau, & qui fasse voltiger sur la surface cette flamme, qu'ils appellent *Esprit follet*.

Comme

Comme ce sont des Peïsans grossiers, qui ne sortent gueres de leur territoire, & qui ne se meslent d'aucun commerce; il ne faut pas s'étonner, s'ils n'ont trouvé personne, qui les ait retiré de cette erreur. Et la connoissance de cette Fonteine ne se seroit jamais répanduë jusqu'en France, si le Roy de Pologne n'en avoit entendu parler à Monsieur Vesouschi, l'un de ses Aumôniers, à l'occasion d'une Consultation, que les Medecins firent, pour déterminer si la Reyne iroit prendre en France les eaux de Bourbon.

Nouvelle découverte de cette Fonteine.

Ce Monarque tout occupé qu'il est aux grands exploits de la guerre, ne laisse pas d'apporter un soin & une application toute particuliere, pour faire fleurir dans son Royaume les Arts & les Sciences. Et comme dans cette veuë il ne laisse rien échapper de tout ce qui merite la recherche des Sçavans, il envoya aussi-tost Monsieur Brawn son premier Medecin au Palatinat de Krakovie, pour examiner toutes les particularitez de cette Fonteine; & aprés en avoir entendu la relation, il ordonna à Monsieur de Conrade premier Medecin de la Reyne, d'en écrire en France, & de consulter sur ce sujet ceux qui se sont appliquez avec quelque succez à la recherche des choses naturelles. Voicy l'extrait d'une de ses Lettres.

Extrait d'une Lettre de Mr de Conrade premier Medecin de la Reyne de Pologne, au Sr Denis.

C'est par l'ordre du Roy de Pologne que je vous envoye la description d'une Fonteine surprenante, dont je vous supplie de bien examiner toutes les particularitez avec les Sçavans qui s'assemblent chez vous dans vos Conferences. Vous m'obligerez infiniment de m'en envoyer l'explication, & de me faire part de vos Reflexions sur ce sujet; & en m'obligeant, vous ferez une chose tres-agreable au Roy, qui sur le rapport qu'on luy a fait de vostre capacité, a conceu pour vous une estime toute particuliere, &c.

EXPLICATION
Des Proprietez de l'eau de cette Fonteine, Par IEAN-BAPTISTE DENIS.

CE n'eſt pas ſans raiſon,qu'on a donné le nom *d'admirable* à cette Montagne,dont nous venons de voir la deſcription ; car elle ſemble renfermer dans ſon étenduë toutes les diverſitez agreables, qui ſe trouvent dans tout le reſte de la terre, tant à l'égard des Arbres & des Plantes curieuſes qui y croiſſent, qu'à l'égard des Metaux les plus precieux qu'on en tire, & des Sources douces & ſalées, froides & chaudes, qui s'y trouvent en divers endrois.

Quoy que tout y paroiſſe conſiderable, nous nous arreſterons particulierement à l'eau de cette Fonteine, dont les effets ſont auſſi ſurprenans, que les qualitez en paroiſſent extraordinaires. Et entr'autres choſes, nous tâcherons de rendre raiſon de trois proprietez principales qui ſont fort ſingulieres. La premiere eſt, que l'eau de cette Fonteine ſuive regulierement les changemens de la Lune, c'eſt à dire qu'elle ſe hauſſe ou ſe baiſſe ſuivant que la Lune croiſt, ou diminuë. La ſeconde eſt, qu'elle ait la vertu de guerir une tres-grande quantité de maladies. Et la troiſiéme enfin, que cette eau ſoit froide & chaude en meſme temps, & qu'elle s'allume comme fait l'Eſprit de vin, ſans pourtant qu'on y ſente la moindre chaleur en la touchant. Et dans l'explication que nous nous propoſons d'en donner, nous ne laiſſerons pas de toucher en paſſant toutes les autres proprietez, dont il eſt parlé dans la Deſcription.

Pour bien rendre raiſon des qualitez ſurprenantes de cette ſource, il faut dire auparavant quelque choſe de l'origine des Fonteines en general. Et pour cela,

Origine des ſources qui tariſsẽt

Nous remarquerons en premier lieu, qu'il y a de deux ſortes de ſources ; ſçavoir les unes qui tariſſent ſouvent, &

les autres qui ne tarissent jamais. Les premieres sont produites par les pluyes & par les neiges, qui en penetrant les pores de la terre, rencontrent sous le creux des montagnes des lits de terre grasse, qui ont quelquesfois plusieurs lieuës d'étenduë, & qui par consequent peuvent servir comme de Reservoirs, pour ramasser une grande quantité d'eaux, qui s'écoulans en suite par quelque veine de la terre, forment une Fonteine, qui ne tarit point, tant qu'il y a de l'eau dans ces Reservoirs.

Nous remarquerons en second lieu, que ces premieres Fonteines n'estant pas de longue durée, il faut necessairement que les autres qui ne tarissent jamais, & qui produisent les Rivieres, ayent une orgine toute differente. Et quand nous voudrions nous éloigner en cette rencontre du sentiment de la pluspart des Philosophes, qui veulent qu'elles prennent leur origine de la Mer; nous serions assez déterminez à le suivre, en faisant reflexion sur ce que l'Escriture sainte nous dit formellement, qu'elles viennent toutes de la Mer, & qu'elles y retournent, *ad mare, unde exeunt flumina, revertuntur.* En effet, puisque la pluspart des sources ne tarissent jamais, & que les Rivieres, qui en sont composées, se déchargent sans cesse dans la Mer, sans qu'elle en devienne pour cela plus enflée; il faut necessairement que par une circulation continuelle, la Mer renvoye par des conduits soûterrains à des lieux éloignez les eaux de toutes les Fonteines & Rivieres, que nous voyons s'y décharger, aprés avoir coulé quelque temps sur la surface de la terre.

Origine des sources qui ne tarissent jamais.

Eccles. c. 1. v. 7.

Nous remarquerons en troisiéme lieu, que comme la pesanteur de l'eau la fait toûjours plûtost descendre, que monter, il faut que les Canaux soûterrains qui reçoivent l'eau de la Mer, & qui la portent à des lieux éloignez, se trouvent à la fin si enfoncez dans la terre, qu'il semble tout à fait impossible, qu'ils puissent produire les sources & les fonteines, que nous voyons ordinairement sortir des costes & des sommets des montagnes; si nous ne considerons, que la chaleur des entrailles de la terre agissant fortement dans les lieux les plus bas, elle est capable de reduire en vapeurs les eaux qui

Comment ces sources coulent du sommet des montagnes

s'y trouvent, & de les élever peu à peu jusqu'à ce qu'elles rencontrent les parties froides de la surface de la terre, qui arrestans leur mouvement, les condensent & les convertissent en petites gouttes d'eau, dont la pesanteur les fait couler un peu plus bas, où il s'en trouve d'autres en assez grand nombre pour composer un petit filet d'eau, qui coule encore vers d'autres endroits, où il en rencontre beaucoup de semblables; & ainsi ils composent tous ensemble une veine d'eau assez grosse, laquelle trouvant quelque fente qui la conduit hors la montagne, fait ce que nous appellons une source d'eau vive, ou une Fonteine. Et cela se fait à peu prés tout de mesme, que nous voyons qu'il arrive dans les distillations ordinaires de la Chymie, où quelque liqueur estant échauffée au fonds du vaisseau, ou de la Cucurbite, elle monte en vapeurs jusqu'au chapiteau de l'Alembic, & ces vapeurs s'y condensans par le froid qu'elles y rencontrent, elles composent plusieurs gouttes d'eau, qui se reünissent toutes ensemble, & produisent un filet qui sort par le bec de l'Alembic, & qui dure tant qu'il y a de l'humidité au fonds de la Cucurbite, & du feu au dessous.

Pourquoy les sources qui viennent de la Mer sont douces.

Il faut remarquer en quatriéme lieu, qu'encore que les eaux de la pluspart des Fonteines soient douces, cela n'empesche pas qu'elles ne tirent leur origine de la Mer, qui est salée; car comme dans les distillations ordinaires, si on remplit la Cucurbite de quelque matiere qui contienne beaucoup de sel, il n'y a que le plus subtil qui se détache par la chaleur, & qui monte en forme de vapeurs au haut de l'Alembic, pendant que les sels, qui sont trop grossiers & trop pesans pour se convertir en vapeurs, demeurent fixes & attachez au fonds de la Cucurbite. Tout de mesme, quand la chaleur des entrailles de la terre éleve en vapeurs les eaux salées, que la Mer envoye par des conduits soûterrains dans des lieux fort bas & fort éloignez, il n'y a que les parties aqueuses, comme les plus subtiles, qui puissent s'élever pour former les Fonteines, pendant que les parties les plus grossieres, qui composent le sel, s'arrestent en bas & s'y fixent par leur propre pesanteur. Et ainsi nous comprenons pourquoy la plupart des sources ne laissent pas d'avoir leurs eaux douces, quoy qu'elles tirent leur origine de la Mer.

Il faut remarquer en cinquiéme lieu, que quoy que toutes les Sources semblent devoir estre douces, suivant l'explication que nous venons d'en donner; il se peut faire neanmoins que les eaux, qui les produisent, passent par des terres, où elles rencontrent beaucoup de sel, qu'elles fondent & détrempent; & ainsi qu'elles deviennent des Sources salées, comme sont celles qui se trouvent en Bourgogne, en Lorraine, & au pied de cette Montagne admirable, qui fait le sujet de nos recherches.

Pourquoy quelques sources sont salées.

Il faut remarquer en sixiéme lieu, que ces eaux, qui coulent sous terre, & qui s'y amassent pour former une Fonteine, peuvent rencontrer dans leur chemin divers Metaux & Mineraux, dont elles détacheront en passant quelques parties des plus delicates; & alors elles auront des proprietez singulieres, qui les rendront considerables en Medecine; comme sont les Fonteines de Spa, de Bourbon, de Vichy, de Balruc, de Forges, & quantité d'autres; où l'on trouve du Bitume, du Vitriol, de l'Alum, du Soufre, & d'autres matieres.

Pourquoy quelques sources sont medicinales.

Il faut remarquer enfin, que quoy que toutes ces eaux, qui produisent des Fonteines, semblent devoir estre froides, parce qu'elles sont composées des vapeurs, qui ont esté condensées par le froid, qui se trouve vers la surface de la terre: il se peut faire neanmoins, que quelques Sources ne laissent pas d'estre chaudes; ou parce qu'elles sont composées de differens filets d'eau, qui provenans de divers endrois peuvent avoir dissous separément dans leur cours, les uns des sels acides, & les autres des Alkalis, dont les dissolutions ne sçauroient se mesler ensemble, sans exciter quelque fermentation, & par consequent de la chaleur. Ou, comme disent quelques-uns, parce que les canaux par où ces eaux passent avant que de sortir de la terre, se rencontrent au dessus de quelques feux soûterrains, & que suivant qu'ils en seront plus proches, les eaux en seront aussi plus chaudes & plus boüillonnantes à leur sortie; comme sont celles de Bourbon, de Vichy, de Baroge, & plusieurs autres.

Pourquoy il y en a de chaudes.

Supposant toutes ces Remarques, que nous venons de faire, il n'est pas maintenant difficile de rendre raison des proprietez qui se trouvent dans la Fonteine, dont nous avons veu la description. Et c'est ce que nous allons faire le plus succinctement qu'il nous sera possible.

Raison, pourquoy les eaux de la Fonteine de Pologne ont rapport avec le mouvement de la Lune.

Pourquoy cette Fonteine se hausse & se baisse.

EN premier lieu, puisque cette Fonteine ne tarit jamais; nous devons juger qu'elle n'est point de la nature de ces Sources, qui sont produites par un amas de neiges & de pluyes sous le creux des montagnes : mais plûtost qu'il faut la mettre au rang de celles, qui tirent veritablement leur origine de la Mer. Et nous sommes d'autant plus determinez à suivre ce sentiment, que nous considerons le grand rapport que cette Fonteine a dans son élevation avec les eaux de la Mer. Car tout le monde sçait, que la Mer a son flux & reflux plus grands à proportion que la Lune s'avance dans son plein; & que les marées qui sont tres-hautes aux environs de la pleine Lune, diminuent de jour en jour à mesure que la Lune s'approche de ses Quartiers ou Quadratures. C'est pourquoy comme cette Fonteine suit ce mesme mouvement, c'est à dire qu'elle remplit de plus en plus son Bassin à proportion que la Lune s'avance dans son plein, & qu'au contraire elle s'abaisse à mesure que la Lune s'approche de ses Quadratures; nous devons croire que depuis la Mer jusqu'au dessous de la montagne, où se trouve cette Fonteine, il y a un canal ou conduit soûterrain, dans lequel l'eau de la Mer n'entre qu'à une certaine hauteur, tout le reste demeurant seulement remply d'air, à cause qu'il se trouve au dessus du niveau de la Mer; & ainsi toutes les fois que la Mer est fort haute, comme il arrive en pleine Lune, elle monte dans ce canal, & le remplit plus que de coûtume; & en y montant elle pousse avec plus de force l'air & les vapeurs qu'il contient vers la source de cette Fonteine, dont par consequent les eaux doivent couler alors en plus grande abondance. Au lieu que quand les marées s'abaissent, comme il arrive dans le decours de la Lune, l'eau de la Mer, qui est dans le canal, descend ; & l'air qui s'y trouve aussi prenant son cours comme l'eau vers la Mer, il entraîne avec soy une bonne partie des vapeurs qui auroient pû s'épaissir en eau; & ainsi les eaux de cette Fonteine doivent diminuer pendant tout ce temps-là.

Raison, pourquoy les Eaux de cette Fonteine sont Medecinales.

POUR ce qui est de la vertu, que l'eau de cette Fonteine a de guerir diverses maladies, nous n'aurons pas de peine à en concevoir la raison, si nous considerons que la Montagne d'où elle sort doit contenir beaucoup de soufre. En effet, suivant la Description, qu'on nous en a donnée, elle renferme une grande diversité de Metaux ; & l'experience nous asseure, que le soufre est comme la matrice des Metaux, & qu'on en trouve toûjours grande quantité par tout où il y a des Mines. Or il n'y a personne, pour peu qu'il soit versé en Medecine, qui ne sçache que le soufre est un Mineral des plus considerables, & dont on tire plus d'utilitez tant pour les maladies interieures, que pour les exterieures ; Car estant bien preparé il resiste à la pourriture, il desopile les obstructions, il adoucit l'acrimonie des humeurs, il mondifie les Ulceres, il fortifie les Poulmons, il réjoüit le Cœur en attenüant & en subtilisant l'humeur melancolique ; & il produit plusieurs autres effets si avantageux & si surprenans, qu'il ne faut pas s'étonner si les Chymistes travaillent tous les jours à en faire de nouvelles preparations.

Proprietez du Soufre.

Cela supposé, il y a lieu de croire premierement, que la chaleur des entrailles de la terre, qui éleve des vapeurs du fonds de cette Montagne à son sommet, pour y produire cette source, y éleve en mesme temps quantité de soufre tres-subtil, dont les parties estant plus legeres & plus agitées que celles qui composent l'eau, elles font aussi plus d'effort pour s'écarter en l'air, & pour se dégager des parties de l'eau dans l'issuë qu'elles trouvent à l'endroit d'où sort cette Fonteine. Et c'est sans doute ce qui fait que l'eau sort de la terre avec un bruit impetueux, & par des secousses continuelles qui produisent des boüillons, & des petites bouteilles sur sa surface.

Pourquoy son odeur est agreable.

En second lieu, les parties du soufre & de l'eau ne peuvent estre long-temps meslées & agitées ensemble, que leur mouvement ne fasse échaper en l'air les parcelles les plus subtiles du soufre, pendant que les parties les plus grossieres s'embarrassent avec les parties de l'eau, & se precipitent au fonds du Bassin. Celles qui s'évaporent en l'air, entrent dans le nez de ceux qui s'appuyent sur l'enceinte de la Fonteine, & en chatoüillant doucement les filets du nerf de leur Odorat, elles causent cette odeur agreable qu'ils y ressentent. Et pour ce qui est des parties les plus grossieres du soufre, qui s'écartent & se precipitent au fonds; elles composent ce Limon qu'on trouve au fonds du Bassin, dont on se sert si heureusement pour guerir les Gouttes, les Rhumatismes, la Paralysie, la Surdité, & plusieurs autres maladies. Ce qui se confirme, tant parce que les odeurs de toutes les choses qui frappent l'Odorat, ne proviennent que des soufres qui s'en exhallent, tant aussi parce que les eaux sulfurées, comme sont celles de Vichy & de Bourbon, s'employent presque toûjours fort heureusement pour la guerison de toutes ces maladies. Et particulierement pour ce qui est de la Surdité, j'en ay veu quelques fois guerir de fort inveterées par la seule vapeur du Soufre.

Pourquoy son Limon est medicinal.

Pourquoy son Bitume est medicinal.

Troisiémement, le Bitume qu'on tire de l'eau de cette Fonteine, en la faisant évaporer, n'est autre chose qu'un Baûme de Soufre naturel, qui se produit & se perfectionne par les boüillons de l'eau & du Soufre, qui sont agitez ensemble dans cette Source: & ainsi il ne faut pas s'estonner si l'on s'en sert avec tant de succez pour la guerison du Farcin, de la Galle, des Playes & des Ulceres; car le Baûme de Soufre artificiel est fort detersif, & capable de mondifier les playes, en adoucissant l'acrimonie des humeurs; & le soufre mesme tout seul sans aucune preparation guerit la Galle, les Dertres, & plusieurs autres vices de la peau.

Quatrié-

Pourquoy cette eau profite à tous ceux qui la boivent.

Quatriémement, les effets differens que cette eau produit dans le corps de ceux qui la boivent, comme de pousser tantost par les selles, & tantost par les urines, de causer de la guayeté, de renouveller les forces, & de prolonger la vie, ce sont des effets qui ne peuvent provenir que du meslange de ces esprits de soufre qui sortent du sein de la terre, & qui sont meslez avec l'eau de cette Fonteine. Car l'experience nous fait voir que l'esprit de soufre que la Chymie nous fournit, pousse aussi quelquesfois par les selles, & quelquesfois par les urines; qu'il conforte l'estomac; qu'il excite l'appetit, qu'il resiste à la pourriture des humeurs; & ainsi qu'il est bien capable de contribuer à la conservation de la vie. Et si l'on tire tous ces avantages de cét esprit de soufre artificiel; combien en doit-on attendre de plus grands du soufre naturel qui se trouve en nous, qu'on peut appeller en bonne Physique, l'unique Baûme de la vie & le veritable Humide radical, puisque c'est ce soufre qui fait que le sang prend feu dans le cœur, & qu'y devenant susceptible d'une flamme invisible, il y allume cette chaleur centrale & naturelle, qui se répand en suite à toutes les parties du corps, pour leur communiquer la vie. C'est pourquoy comme les jeunes gens ont pour l'ordinaire plus de ce soufre naturel, ils ont aussi plus de chaleur, ils sont plus guais, plus dispos, & plus vigoureux: au lieu que quand ils entrent dans un âge plus avancé, ce soufre se consume peu à peu, & sa chaleur se diminuant par le meslange des humeurs froides & terrestres, le flegme commence à predominer, leur sang n'estant presque plus adoucy par ce Baûme naturel, il s'aigrit insensiblement, & leur donne une pente insupportable à se chagriner de toutes choses; leur corps s'appesantit, les parties qui servoient à les soûtenir leur viennent à charge, ils cessent enfin de vivre dans le mesme instant que la chaleur de ce soufre est entierement suffoquée. Il faut donc croire que l'eau de cette Fonteine entretient la vigueur de la jeunesse, & empesche que la chaleur naturelle ne soit si-tost suffoquée par le flegme de la vieillesse, en reparant tous les jours dans les corps de ces Habitans qui en boivent ordinairement, autant de soufre naturel qu'ils en dissipent par l'exercice & par le travail ; & ainsi nous ne nous étonnerons pas, si elle a cette belle proprieté de les fortifier contre les langueurs de la vieillesse, & de leur prolonger mesme la vie jusqu'à cent cinquante ans.

Pourquoy elle est utile aux chevaux.

Enfin, il n'est pas difficile aprés cela d'expliquer comment l'eau de cette Fonteine peut guerir la pousse des chevaux. Car l'experience nous assure assez, qu'il n'y a point de meilleurs Remedes, & qui reüssissent plus seurement pour les Asthmes, les Phtisies, & autres maladies de poitrine, que ceux que nous tirons des diverses preparatious du soufre que la Chymie nous fournit.

Nous confirmerons tout cela par quelques Reflexions que nous ajoûterons à la fin de ce Discours.

Raison, pourquoy les eaux de cette Fonteine, quoy que froides, ne laissent pas de s'enflammer.

Il n'y a que le soufre de combustible.

POUR ce qui est de la facilité avec laquelle cette eau paroist s'enflammer dans sa source, lors qu'on en approche un flambeau, il est aisé d'en rendre raison par le meslange du mesme soufre dont nous venons de parler. Car c'est le soufre qui rend susceptibles de flammes toutes les matieres avec lesquelles il se rencontre. L'Esprit de vin, par exemple, ne brûle & ne s'enflamme qu'à cause du soufre qu'il contient; & quoy que tout paroisse s'y enflammer & se consumer par la flamme, il est pourtant vray qu'il n'y a que les parties sulfurées qui brûlent, & que le flegme ou les parties aqueuses s'échauffans par la flamme du soufre, elles se rarefient & se convertissent en vapeurs qui se perdent & s'exhalent parmy la flamme. D'où vient que s'il y a plus de flegme que de soufre meslez ensemble, comme dans les foibles eaux de vie, l'on a de la peine à y mettre le feu, parce que les parties aqueuses suffoquent en peu de temps la flamme des parcelles de soufre, qui n'y sont meslées qu'en petite quantité.

Ma penſée eſt donc que l'eau de cette Fonteine ne brûle aucunement ; & que ce ne ſont que les ſeuls Eſprits de ſoufre qui s'allument dans l'inſtant qu'ils font effort pour ſe dégager des parties de l'eau, & pour s'échapper en l'air. Car la Relation nous apprend que la flamme voltige comme un *feu follet* ſur la ſurface de l'eau, & que l'eau cependant n'en acquiert aucun degré de chaleur. L'eau ne brule pas.

Je ſuis confirmé dans cette penſée par la maniere dont ſe prennent les Habitans pour éteindre cette flamme, en frappant ſur l'eau avec des branches d'Arbres. Car que peuvent-ils faire autre choſe par ce mouvement, ſinon de faire rentrer les eſprits de ſoufre qui s'échappoient, & de les meſler avec les parties d'eau qui en étouffent la flamme. Et s'ils ne ſe ſervoient de cette adreſſe pour l'éteindre au plûtoſt, il ne faut pas douter que ce feu ne fuſt capable d'embraſer encore une fois toute la Foreſt voiſine. Car comme les veines de cette montagne ſont remplies de ſoufre, il eſt aiſé de concevoir la facilité avec laquelle le feu pourroit s'y répandre. En effet, l'on experimente ſouvent que quand on croit avoir entierement étouffé & éteint cette flamme, en frappant deſſus avec des branches d'Arbres, elle ſe rallume peu de temps aprés par le feu qui revient des veines qui ſont aux environs, & qui s'eſtoient allumées par la flamme de la Fonteine.

Les Habitans ont remarqué que quand on allume cette Fonteine, elle perd de ſa force pour plus de quinze jours. Et la raiſon en eſt aſſez évidente ; car comme la flamme conſume tous les eſprits de ſoufre, dont le ſeul meſlange rend cette eau ſi ſouveraine, il faut du temps pour donner lieu à la ſource d'en détremper d'autres, & de s'en charger d'une auſſi grande quantité, comme auparavant. Il en eſt à peu prés comme du feu de la fiévre, qui conſume peu à peu ce ſoufre de vie naturel, dont nous avons parlé cy-devant ; & quoy qu'elle ſoit ſouvent de peu de durée, elle ne laiſſe pas de jetter dans des langueurs de convaleſcence, qui durent juſqu'à ce que les bons alimens ayent reproduit autant de ce ſoufre, que l'ardeur de la fiévre en avoit pû diſſiper. Pourquoy l'eau perd ſa force par le feu.

Pourquoy l'eau ne brule pas hors sa source.

Enfin l'on a observé, que cette eau ne s'enflamme que dans sa source; & quelque artifice qu'on ait employé pour la faire brûler aprés estre transportée, on n'a jamais pû y reüssir. Ce qui provient sans doute de ce que cette eau boût, & jaillit avec impetuosité en sortant des veines de la terre. Car comme nous avons déja remarqué, dans cette agitation & dans ce boüillonnement les parties de soufre les plus subtiles se separent & se dégagent des parties de l'eau, & en voltigeant sur sa surface, elles sont tres-capables de s'y enflammer; au lieu que quand on transporte cette eau dans des bouteilles, on n'emporte que tres-peu de ces esprits sulfurez; & quand mesme il y en auroit une plus grande quantité, ils seroient si meslez avec les parties d'eau, qu'il seroit impossible de les enflammer. Et alors de quelque artifice qu'on use, on ne sçauroit rendre à cette eau un boüillonnement semblable à celuy qu'elle a dans sa source; car comme il ne provient que de la grande quantité de soufre, que la terre pousse sans cesse, & qu'elle éleve impetueusement avec l'eau de cette Fonteine, on peut bien à la verité l'échauffer, & la faire boüillir en la mettant sur le feu: mais on ne sçauroit suppléer cette grande quantité d'esprits sulfurez, qui sortent continuellement de la terre, & qui passans en foule à travers l'eau de la source, peuvent s'enflammer facilement, lors qu'ils arrivent à sa surface.

Pourquoy elle ne se gele pas dãs sa source.

Cela se confirme par l'experience qu'on a que cette eau se gele au froid, comme une autre, quand elle est transportée, quoy qu'elle ne se gele jamais dans sa source pendant les Hyvers les plus rudes & les froids les plus aspres & les plus perçans, parce que là elle s'y trouve meslée avec une plus grande quantité de parcelles de soufre, dont l'agitation continuelle empesche la fixation qui se fait par la gelée. Et il en est à peu prés comme de l'Esprit de vin le plus subtil, qui contenant en soy plus de parcelles de soufre que de flegme, resiste aussi au froid, & ne se gele jamais, comme il arrive souvent aux vins & aux foibles eaux de vie, qui contenans beaucoup plus de flegme que de soufre, se gelent aussi avec assez de facilité.

Aprés

Aprés tout ce que nous venons de dire du meſlange de Soufre avec l'eau de cette Fonteine, il n'eſt pas difficile de concevoir comment cette eau peut ſe tranſporter fort loin, & ſe garder long-temps ſans ſe corrompre. Car tout le monde ſçait aſſez que le Soufre reſiſte à la corruption, & qu'il conſerve toutes les choſes avec leſquelles il ſe trouve meſlé. Si un Lieu, par exemple, eſt ſoupçonné de Contagion, & de quelque malignité, il n'y a point de meilleur moyen pour l'aërier & le purifier, que d'y brûler de la poudre à canon, qui contient en ſoy beaucoup de Soufre. Et quand les Marchands de Vin veulent tranſporter des Vins delicats, & empeſcher qu'ils ne ſe gâtent en paſſant la Mer; ou qu'ils veulent les tirer à clair, pour en faire du Vin, qu'ils appellent *Sous-tiré*, qui ſe conſerve ſans la lie; l'expedient le plus ſeur, & qui leur reüſſit le mieux, eſt celuy de ſoufrer le Dedans des Tonneaux avant d'y mettre le Vin, en y allumant ſeulement une petite méche ſoufrée.

Pourquoy elle ſe garde long tems ſans ſe corrompre.

REFLEXIONS

Sur la proprieté qu'a l'eau de cette Fonteine de guérir diverſes maladies, & de prolonger la vie par ſon Soufre.

IL ſeroit à ſouhaiter que la pluſpart des Medecins fiſſent une ſerieuſe reflexion ſur la proprieté ſurprenante, qu'a l'eau de cette Fonteine de guerir une infinité de maladies, & de prolonger meſme la vie par le ſeul meſlange de ce *Soufre naturel*, dont nous venons de parler. Cette conſideration les porteroit ſans doute à ſe perſuader, que comme l'Art ne tend qu'à imiter la Nature, il eſt poſſible à l'Eſprit humain d'extraire des *Soufres* de differens Compoſez, & d'en preparer quelques Remedes, dont les effets ſoient auſſi conſiderables, que ſont ceux que produiſent les eaux naturelles, tant de

SSſſ

cette Fonteine, que de plusieurs autres qui se trouvent en divers endroits de la Terre.

En effet, si nous nous en rapportons aux Observations des plus habiles Medecins de chaque siecle; nous trouverons qu'ils avoient tous l'usage de quantité de *Soufres specifiques*, qu'ils tiroient des Simples, des Metaux & des Mineraux, dont ils se servoient fort heureusement & pour l'honneur de leur Profession, & pour le soulagement de leurs malades. Pourquoy donc ne sera-t'il pas permis aujourd'huy à un Medecin methodique de se servir de ces belles Preparations qui se lisent dans une infinité d'Auteurs? Pourquoy ces *Soufres specifiques* seront-ils abandonnez à la discretion des ignorans & des Empyriques? Ou plûtoît, pourquoy de veritables Medecins traiteront-ils indignement d'Empyriques & de Charlatans d'autres Medecins aussi methodiques qu'eux, dés qu'ils les verront mettre en usage ces sortes de Remedes?

Il semble que tous les meilleurs *Specifiques* ne provenans que du sein de la Medecine, où ils ont pris naissance par l'industrie des habiles Medecins qui les ont inventé & qui les ont cultivé dans les siecles precedents; les Medecins d'aujourd'huy devroient se les approprier, & les revendiquer des mains des ignorans, pour en faire un meilleur usage qu'eux; ils devroient encherir eux-mesmes pardessus les belles Descriptions qui s'en trouvent dans les anciens Auteurs, & les faire preparer par d'habiles Artistes, pour s'en servir dans le besoin, & non pas permettre que des Remedes de cette importance soient administrez par des ignorans seulement, qui ne connoissans ny la qualité des maladies qu'ils entreprennent de guerir, ny la nature de ces *Soufres* dont ils se servent, ny le Temperament des malades ausquels ils les destinent, en tuent beaucoup plus par imprudence, qu'ils n'en guerissent par hazard.

Pour moy, j'ay toûjours fait cas des Observations, que des Medecins habiles & dignes de foy nous ont laissées dans leurs Ecrits; & quand j'ay leu qu'ils s'estoient servis de ces *Soufres* avec des succez considerables, je n'ay point fait de difficulté de m'en servir comme eux dans les maladies chroniques &

épineuses, où les Remedes generaux ne donnoient que quelques foibles secours, & où mes Reflexions m'indiquoient que ces *Specifiques* pourroient estre de quelque utilité.

Le *Soufre des Mètaux*, entr'autres, que le celebre *Poterius* appelle ainsi, parce qu'il est tiré de trois Metaux, dont l'Or est le principal, m'a toûjours fort bien reüssi; & en l'accompagnant de differens Vehicules suivant la diversité des maladies, il m'a esté souvent d'un secours surprenant dans les petites Verolles fâcheuses, dans les Fiévres pourprées & malignes, dans les Caducitez de la vieillesse, dans les Astmes, dans les Vapeurs opiniâtres & generalement dans toutes les maladies, où il estoit necessaire d'ayder la Transpiration par la fonte & par la resolution des Humeurs visqueuses, qui causoient des obstructions opiniâtres dans les Visceres, & des coagulations dangereuses dans la masse du Sang.

Il ne sera pas hors de propos d'en rapporter icy un ou deux Exemples, qui ont esté assez publics. Le premier est celuy de Monsieur *le Chevalier de Sillery*, qui fut attaqué en 1669. d'une petite Verole tres-maligne, dont le venin s'estant jetté d'abord sur la Poitrine, y fit ulcere & abscez, qui luy causerent des difficultez de respirer & des oppressions si violentes, qu'un Medecin qui le vint voir, declara qu'il n'y avoit plus qu'un seul Remede à risquer pour le tirer de cet estat, qui estoit la *Saignée du pied*, laquelle d'ailleurs ne laissoit pas de luy paroistre fort suspecte en cette recontre, parce qu'elle estoit contraire à l'eruption de la petite Verole qui ne sortoit pas suffisament. Je survins dans cette extremité, & aprés avoir empesché la Saignée du pied que le Chirurgien alloit faire, je luy fis apporter dans l'instant quelques Potions cordiales & pectorales, dans lesquelles je meslay de mon *Soufre des Mètaux*; & dés la premiere Prise l'oppression diminua, les Pustules sortirent & grossirent à vûë d'œil; & quoyque l'ulcere de la Poitrine eut gaigné la substance du Poulmon, & que le malade rendist le Pus avec l'air tant par la Bouche, que par quelques Tumeurs qui s'étoient ouvertes en dehors & au bas de la Poitrine, toutes ces Parties ne laisserent pas de se consolider peu à peu, aprés que les accidens de la petite Verole furent passez, & je fus assez heureux de pouvoir rétablir dans la suite le malade par le Laict & par les autres remedes, dont la Medecine se sert en de pareilles occasions.

Une autre Cure, qui fit en 1673. beaucoup d'éclat dans la Cour d'Angleterre, & dont la nouvelle se rependit aussi-tost dans la Cour de France, fut celle de Monsieur *Colbert Marquis de Croissy*. J'avois esté mandé par le Roy d'Angleterre Charles II. pour luy communiquer quelques Remedes que j'avois decouvert & dont les reüssites avoient fait bruit en divers endroits de l'Europe. Monsieur le Marquis *de Croissy* lors Ambassadeur pour le Roy en Angleterre, estoit depuis 2. ans dans une langueur qui avoit esté rebelle à une infinité de remedes, & qui luy estoit causée par un depost d'Humeur *Gouteuse* qui s'estoit arrestée & fixée sur la region des Lombes & des Reins, & qui luy tenoit le Corps tout courbé & plié en deux sans se pouvoir soûtenir sur ses Jambes. Il fut enfin attaqué d'une Colique nefretique si cruelle, qu'aprés plusieurs heures de vomissemens, de douleurs, & de remedes inutils, il tomba dans des intermissions de Poulx, des mouvemens convulsifs, des Hocquets, & des sueurs froides, qui paroissoient à tout le monde des avant-coureurs certains d'une mort fort prochaine. Je le tiray (graces à Dieu) de ce dangereux estat, & aprés quelques Remedes generaux, que j'ordonnay pour le tirer de ses anciennes langueurs, je luy fis user pendant un mois de mon *Soufre d'Or*, que j'avois preparé dans le Laboratoire du Roy, en presence de Sa Majesté Britannique. Et l'usage en fut si heureux, que pendant ce peu de temps toutes les obstructions & coagulations se dissiperent, le Corps se redressa, & Monsieur le Marquis *de Croissy* se trouva en estat d'aller saluer le Roy d'Angleterre, & de faire mesme à pied dés ce premier jour en la compagnie de Sa Majesté quelques tours d'un long Mail, qui est à Londres dans le Parc d'Withal.

Cette Cure soûtenuë de quelques autres, que j'avois faites chez les Premiers de cette Cour, m'attirerent des considerations si singulieres & des reconnoissances si grandes de la bonté du Roy d'Angleterre, que si mes affaires domestiques ne ne m'avoient obligé de repaſſer promptement en France, il n'auroit tenu qu'à moy d'accepter le Party avantageux, qui me fut offert quelques jours aprés par Monſieur le Comte de Seſſac de la part du Roy d'Angleterre, qui eſtoit de m'attacher au ſervice de Sa Majeſté, & de demeurer en Angleterre avec le Breuvet de ſon Premier Medecin. Et depuis mon retour en France, ce Monarque a eû la bonté de me donner encore pluſieurs marques de ſon Souvenir, juſqu'à m'envoyer une quantité conſiderable de ſon Eſſence Royale (qu'on appelle communement les *Gouttes d'Angleterre*) aprés l'avoir fait preparer en ſa preſence dans ſon Laboratoire.

Voila un Echantillon de ce que produiſent les *Soufres metalliques* appliquez avec Methode. Je pourrois en adjoûter icy une infinité d'autres Exemples, & dire meſme que je ne m'en ſuis ſervi dans le traitement de quelques malades, qu'aprés en avoir veu l'Epreuve ſur moy-meſme à l'occaſion d'un Aſtme rebelle à tous remedes, qui m'accabloit il y a 30. ans, & dont je fus alors guery, & m'en ſuis ſi bien preſervé dans la ſuite par l'uſage de ce *Soufre*, que depuis 27. ans je n'en ay pas reſſenti la moindre atteinte. Mais en voila aſſez pour exciter pluſieurs Medecins celebres à cultiver doreſnavant ces *Soufres ſpecifiques*, & pour les engager meſme à donner au Public les *Obſervations* utiles & importantes, qu'il y a tout lieu d'eſperer qu'ils feront par leur bonne conduite dans le choix & dans l'application methodique de ces Remedes ſi ſalutaires.

FIN.

Extrait du Privilege du Roy.

PAR Grace & Privilege du Roy, ſigné BERAUD : Il eſt permis à JEAN-BAPTISTE DENIS, Conſeiller & Medecin ordinaire de ſa Majeſté, de faire imprimer *les Memoires & Conferences concernans les Arts & les Sciences, &c.* Et deffenſes ſont faites à toutes perſonnes de les contrefaire, ny meſme d'en extraire aucune choſe, à peine de trois mil livres d'amende, tous dépens, dommages & intereſts : Comme il eſt plus amplement porté par ledit Privilege.

www.ingramcontent.com/pod-product-compliance
Lightning Source LLC
LaVergne TN
LVHW052029160826
845678LV00003B/1248

* 9 7 8 2 3 2 9 6 3 8 2 9 4 *